Sitzungsberichte der
Akademie der Wissenschaften der DDR
Gesellschaftswissenschaften

Jahrgang 1975 · Nr. 6 G

Wolfgang Heinrichs

Die Zirkulationsproblematik als Bestandteil der Reproduktionstheorie

AKADEMIE-VERLAG · BERLIN
1975

Vortrag von Prof. Dr. Wolfgang Heinrichs
in der Sitzung der Klasse Gesellschafts-
wissenschaften I am 23. Januar 1975

Herausgegeben im Auftrage
des Präsidenten der Akademie
der Wissenschaften der DDR
von Vizepräsident Prof. Dr. Heinrich Scheel

Erschienen im Akademie-Verlag, 108 Berlin, Leipziger Str. 3—4

Lizenznummer: 202 · 100/291/75
Gesamtherstellung: VEB Druckhaus Köthen
Bestellnummer: 752 891 0 (2010/75/6/G) · LSV 0325
Printed in GDR
EVP 2,—

Inhalt

1. Vorbemerkungen 5
2. Zu einigen methodologischen Fragen der Zirkulation 9
3. Umlauf- bzw. Zirkulationszeit als effektivitätsbestimmender Faktor in der intensiv erweiterten sozialistischen Reproduktion 16
4. Zusammenfassung 27
5. Anmerkungen 28

1. Vorbemerkungen

Das heute zu behandelnde Thema zwingt zu einer sorgfältigen Problemauswahl; um so mehr, als die marxistisch-leninistische Reproduktionstheorie, die von Lenin bekanntlich auch treffend als Realisierungstheorie bezeichnet wurde, die stoffliche und wertmäßige Zirkulation des gesellschaftlichen Gesamtprodukts einbezieht, ja, die Zirkulation des gesellschaftlichen Gesamtprodukts eine ihrer wesentlichen Säulen darstellt. „Die Frage der Realisation besteht darin", schrieb Lenin, „auf welche Weise für jeden einzelnen Teil des kapitalistischen Produkts sowohl dem Werte nach (konstantes Kapital, variables Kapital und Mehrwert) als auch der stofflichen Form nach (Produktionsmittel und Konsumtionsmittel, im einzelnen: notwendige Lebensmittel und Luxusmittel) der ihn ersetzende andere Teil des Produkts auf dem Markt zu finden ist."[1] Natürlich hat die Realisierung unter den Bedingungen der sozialistischen Planwirtschaft, verglichen mit der unter kapitalistischen Bedingungen, einen gegensätzlichen sozialökonomischen Inhalt. Sie ist auf die immer bessere Befriedigung der Produktions- und konsumtiven Bedürfnisse gerichtet und ist in die gesellschaftlich bewußte Herstellung des Zusammenhangs zwischen Produktion, Konsumtion und den Bedürfnissen eingebettet. Aber die Art und Weise dieser bewußten Herstellung des Zusammenhanges ist nicht statisch, sondern vom Entwicklungsstand der Produktivkräfte und vom Reifegrad sozialistischer Produktionsverhältnisse abhängig, und sie unterliegt deshalb selbst Veränderungen.

In den für die entwickelte sozialistische Gesellschaft charakteristischen unmittelbarer werdenden Zusammenhang zwischen Produktion und Konsumtion ist der Austausch von Fähigkeiten, Kenntnissen und Produkten hineingestellt. Vom Aspekt des Flüssigmachens aller qualitativen Faktoren der intensiv erweiterten Reproduktion ist es bedeutsam, aus der engen Betrachtungsweise der Zirkulationssphäre, die oft mit der Ware-Geld-Zirkulation identifiziert wird, herauszukommen. Um den ganzen politökonomischen Reichtum der Zirkulationssphäre zu erschließen, ist es notwendig, den Austausch historisch und logisch aus der Einheit der Reproduktion und der wechselseitigen Bedingtheit seiner Phasen abzuleiten. In methodologischer Hinsicht erscheint dies auch deshalb als notwendig, weil die allgemeinen, für alle Gesellschaftsformationen gültigen Zusammenhänge der Reproduktionsphasen und ihrer Funktionen zu den von den jeweils herrschenden Produktionsverhältnissen bestimmenden sozialökonomischen Beziehungen und damit selbst zum System der jeweils herrschenden Produktionsverhältnisse gehören.

In der marxistischen politökonomischen Literatur wird dieser historische Zusammenhang des öfteren nicht ausreichend beachtet, besonders dann, wenn es um die Untersuchung von Zirkulationsproblemen und ihrer historischen Entwicklungsperspektive beim Übergang aus der ersten Phase in die zweite Phase der kommunistischen Gesellschaftsformation geht. Bei der Behandlung dieser historischen Entwicklungsprobleme wird hin und wieder der Austausch als relativ selbständige Reproduktionsphase aus dem Gesamtzusammenhang der erweiterten sozialistischen Reproduktion eliminiert, der Austausch nur als Verteilungsprozeß charakterisiert.

Freilich reifen bereits im Schoße der entwickelten sozialistischen Gesellschaft Existenzbedingungen für das allmähliche Absterben der gesellschaftlichen Form der Produktion und des Austausches als Warenproduktion und -zirkulation heran. Jener sozialökonomische Prozeß, der vor allem ein ununterbrochenes Wachstum der Produktivkräfte, die Überwindung der sozialen Unterschiede im Charakter der Arbeit, die Entwicklung der Arbeit zum ersten Lebensbedürfnis zur Voraussetzung hat, findet bekanntlich in der zweiten Phase der kommunistischen Gesellschaftsformation seine Vollendung. Verliert aber damit der Austausch als notwendige Reproduktionsbedingung an Bedeutung?

Unbestritten ist, daß schon im Sozialismus, der ersten Phase der kommunistischen Gesellschaftsformation, die in der Zirkulationssphäre sich vollziehende Realisierung des gesellschaftlichen Gesamtprodukts einen grundsätzlich anderen sozialökonomischen Charakter als den im Kapitalismus aufweist. So gesehen, ist die Realisierung in dieser Phase bereits als Hauptproblem der Reproduktion des gesellschaftlichen Gesamtprodukts gegenstandslos geworden. Auf der Grundlage des gesellschaftlichen Eigentums wird die gesellschaftliche Arbeit planmäßig und in Übereinstimmung mit den ständig wachsenden Bedürfnissen und in Abhängigkeit von der für die Herstellung der Gebrauchswerte gesellschaftlich notwendigen Arbeit verteilt. Aber kann man den politökonomischen Inhalt der Zirkulationssphäre nur auf die auch im sozialistischen Entwicklungsstadium existierende Warenform der Produktion und der Zirkulation und nur auf die dieser Form eigenen Widersprüchlichkeit von Gebrauchswert und Wert reduzieren? Sind es nur die zeitweiligen Absatzschwierigkeiten, Überplanbestände, Reibungen in der Realisierung der Wertform aus der Warenin die Geldform, die uns marxistisch-leninistische Politökonomen allein veranlassen, sich mit der Zirkulationssphäre zu beschäftigen? Ist es nicht auch in der Wirtschaftspraxis der DDR und anderer sozialistischer Länder so, daß im wachsenden Maße die Funktionsfähigkeit des Zirkulationsapparates angesichts der größer werdenden Dimensionen der Vergesellschaftung der Produktion, der Arbeit und der Konsumtionsprozesse zu einer wesentlichen Voraussetzung für die rationelle Ausnutzung der Produktionsfonds, für die Erhöhung der Effektivität des gesellschaftlichen Gesamtarbeiters selbst wird? Liegen im zeitweiligen Zurückbleiben des Zirkulationsapparates gegenüber dem der stofflichen Produktion nicht wesentliche Leistungsreserven begründet? Ist es deshalb angesichts der praktischen Erfordernisse nicht an der Zeit, theoretische Probleme der Zirkulationssphäre aus einer gewissen Enge der Betrachtung herauszuführen und sie stärker auch vom Aspekt der Zirkulation zu betrachten, die, wie Marx betonte, „den Stoffwechsel der menschlichen Arbeit entwickelt."[2] Es ist deshalb kein Zufall, sondern eher als ein Ausdruck realer gesellschaftlicher Ansprüche zu werten, wenn in den letzten Jahren im verstärkten Maße Politökonomen der UdSSR, anderer sozialistischer Staaten wie auch der DDR sich der Untersuchung von Zirkulationsfragen zuwandten, in dem Bemühen, die wissenschaftlichen Grundlagen der Leitung, Planung und Stimulierung dieser Reproduktionssphäre den Erfordernissen der Intensivierung der Volkswirtschaft gemäß zu vervollkommnen. Auch in Sitzungen dieser Klasse wurden Zirkulationsprobleme in bezug auf die planmäßige effektive Funktionsweise der Reproduktion direkt und indirekt berührt. Ich verweise auf die Vorträge der Professoren Koziolek, Kohlmey und Oelßner im letzten Jahr.

Auf dem 13. Plenum des ZK der SED wurde gefordert, volkswirtschaftliche Reserven in größeren Dimensionen auszuschöpfen. Eine dieser Reserven liegt in der Erhöhung der Funktionsfähigkeit der Zirkulation und ihres Apparates. Dabei ist nicht zuerst an eine höhere Effektivität der Zirkulationstätigkeit des Produktionsmittel- und Konsumgüterhandels, der Transport- und Lagerwirtschaft, d. h. an eine mehr institutionelle, auf einzelne Wirtschaftszweige beschränkte partielle Effektivität gedacht. Vielmehr habe ich dabei mehr die funktionelle Betrachtungsweise im Auge, die die Zirkulation als Reproduktionsphase begreift. Von deren Funktionsweise ist die Kontinuität — und in ihr einbegriffen — die Zyklizität und Flexibilität des Reproduktionsprozesses abhängig. Kontinuität, Umschlagshäufigkeit und Flexibilität aber sind Effektivitätsfaktoren, die über mehrere Bereiche und Zweige der Reproduktion wirken und die auf die volkswirtschaftliche Effektivität Einfluß nehmen. Ein solches Herangehen konfrontiert uns sogleich mit grundlegenden Fragen der Wechselbeziehungen zwischen Produktion, produktiven und konsumtiven Bedürfnissen, die durch die Zirkulation vermittelt werden. Das vollzieht sich historisch konkret, in der Etappe der weiteren Gestaltung der entwickelten sozialistischen Gesellschaft unter den Bedingungen der wissenschaftlich-technischen Revolution. Deshalb werden in die Problemauswahl zunächst einige methodologische Fragen einbezogen.

2. Zu einigen methodologischen Fragen der Zirkulation

Marx hat in den Grundrissen der Kritik der politischen Ökonomie davon gesprochen, daß die Zirkulation nicht in sich selbst das Prinzip der Selbsterneuerung tragen kann. Hiermit präzisierte er den für die Reproduktionstheorie wichtigen methodologischen Grundsatz vom Primat der Produktion gegenüber allen anderen Phasen der Reproduktion, so auch gegenüber der Zirkulation. Untersuchungen von Zirkulationsproblemen, sollen sie Anspruch auf Wissenschaftlichkeit erheben, wollen sie kausale und funktionelle Beziehungen aufdecken, müssen stets von diesem methodologischen Leitsatz ausgehen. Anderenfalls werden Oberflächenerscheinungen als wesentliche Beziehungen ausgewiesen. In diesem Zusammenhang ist es für die theoretische und empirische Analyse der Zirkulation wichtig, die von der Dynamik der Produktion ausgehenden und die Zirkulationsbedingungen bestimmenden Momente zum Ausgangspunkt aller Untersuchungen über die Zirkulation zu machen. Dazu zählen gegenwärtig das an Umfang zunehmende und in seiner Struktur fortwährenden Veränderungen unterworfene Produktionsvolumen, das über die Zirkulationssphäre an die Konsumtion herangeführt wird. Die Verkürzung der Produktionszeit hat ebenso auf die Zirkulationsbedingungen Einfluß. Denn in kürzeren Zeitintervallen ist der Ersatz der der Konsumtion zugeführten Gebrauchswerte durch neue vermittels der Zirkulation notwendig. Bei wachsender Massenproduktion in Verbindung mit der Einführung neuer technologischer Verfahren rückt zudem ein für die Zirkulationsbedingungen wesentlicher Faktor immer mehr in den Vordergrund. Es ist dies der aus der wachsenden Fondsausstattung der Arbeit resultierende Zwang zur fortwährenden, *beständigen* Produktion.

Die Einführung fließender Fertigungsverfahren, die Erhöhung des Mechanisierungs- und Automatisierungsgrades der Arbeit, wachsende Ansprüche an die Qualitätsparameter und intensivere Materialsubstitution bewirken nachhaltige Veränderungen in der Erzeugnisstruktur, vertiefen die Vergesellschaftung der Produktion und der Arbeit. Im Ergebnis des Wirkens dieser Faktoren entstehen neue Bedingungen, denen Dynamik und Kontinuität wie auch die Flexibilität der Reproduktion ausgesetzt sind. In gleicher Weise werden davon auch die Zirkulationsbedingungen maßgeblich beeinflußt. Marx wies in den Theorien über den Mehrwert darauf hin, daß die Produktion in ihrer Entwicklung zur Großindustrie nicht nur rasch ist, „... so daß die Ware schnell die Gestalt erreicht, worin sie zirkulationsfähig, sondern sie ist beständig."[3]

Raschheit und Beständigkeit der Produktion haben Einfluß auf die Umschlagszeit, d. h. auf den laufenden Reproduktionszyklus, der von der Produktionszeit und der Umlauf- bzw. Zirkulationszeit bestimmt wird. Im volkswirtschaftlichen Maßstab werden davon die Proportionen der Umlauffonds, die in ihren Elementen als Produktionsvorräte, unvollendete Produktion und als Fertigerzeugnisse auftreten, bestimmt. Da ihre quantitative Proportionalität, d. h. ihr gleichzeitiges Nebeneinander nur ein anderer Ausdruck für den ständigen Fluß des Übergangs aus einem Element in das andere ist, sind die quantitativen Proportionen der Umlauffonds im volkswirtschaftlichen Rahmen ein nicht zu übersehender Indikator für die Stabilität und Kontinuität des Reproduktionsprozesses. Mehr noch: bezogen auf das gesellschaftliche Gesamtprodukt bzw. auf die industrielle Warenproduktion geben die vorhandenen Umlauffonds an, mit welchem Aufwand Kontinuität und Stabilität des Reproduktionsprozesses aufrecht erhalten wurden. Ich werde in einem der nachfolgenden Abschnitte besonders auf diese Problematik näher eingehen. In diesem Zusammenhang sei darauf verwiesen, daß die Behandlung der Kreislaufproblematik nur unter dem Gesichtspunkt der betrieblichen Fonds, wie dies bisher in allen Lehrbüchern für politische Ökonomie des Sozialismus geschieht, zwar für die Darstellung des Mechanismus der wirtschaftlichen Rechnungsführung, nicht aber mehr für die Darstellung der effektiven Funktionsweise des volkswirtschaftlichen Reproduktionsprozesses ausreichend zu sein scheint.

Für die Zirkulationsbedingungen sind nicht nur die von der Produktion ausgehenden und bestimmenden Beziehungen zur Konsumtion bedeutsam, sondern auch jene, die umgekehrt von der Konsumtion auf die Produktion selbst zurückwirken. Sie sind in vielerlei Hinsicht entscheidend für das reibungslose Funktionieren der Produktion und Konsumtion und berühren alle Seiten der Zirkulation.

In der Konsumtion und durch sie muß sich das Arbeitsprodukt bewähren. Die Bewährung steht solange aus, solange die Arbeitsprodukte nicht ihrem endgültigen Zweck zur Verfügung stehen. Auf die Funktion der Konsumtion, die auch für die Funktion des Austauschs entscheidend ist, wies Marx hin, „... im Unterschied von bloßem Naturgegenstand, bewährt sich, wird das Produkt erst in der Konsumtion."[4]

Konsumtion, als sich ständig wiederholender Prozeß des Verbrauchs von produzierten Arbeitsprodukten verstanden, ruft ständig das objektive Bedürfnis hervor, neue Produkte anstelle der verbrauchten zu erzeugen. Damit ruft die Konsumtion das ökonomische Interesse hervor, die Produktion nicht schlechthin fortzusetzen, sondern zu erweitern, wissenschaftlich-technisch zu vervollkommnen und immer neue Gebrauchswerte mit höheren Eigenschaften zu erzeugen. Für die Zirkulation von Arbeitsprodukten ist dieser von der Konsumtion auf die Produktion rückkoppelnde Effekt ebenso bedeutsam wie jener Umstand, daß in der individuellen Konsumtion zugleich die Arbeitskraft reproduziert wird. Sie, die individuelle Konsumtion, ist daher in vielerlei Hinsicht mit der spezifischen Komponente der Gesellschaft auf das engste verbunden.

Der Austausch von Produkten ist selbst Glied dieser dialektischen Einheit von Produktion und Konsumtion. Um den politökonomischen Inhalt des Austauschs voll erfassen zu können, ist es wichtig, zunächst zu betonen, daß der Austausch selbst Moment der Produktion ist. Als zur unmittelbaren Produktion zugehörig anzusehen, sind der Austausch von Fähigkeiten und Fertigkeiten in der Produktion wie auch der Austausch von Produkten, soweit dieser die unmittelbare Nutzanwendung in der Konsumtion vorbereitet. Dieser Austausch wie jener, den Marx als Austausch zwischen „dealers und dealers" bezeichnete, ist selbst produzierende Tätigkeit.

Mit dem Austausch von Arbeitsprodukten in Form von Konsumtionsmitteln geht zugleich ihre Verteilung auf die einzelnen Mitglieder der Gesellschaft einher. Der Austausch von Produktionsmitteln auf die verschiedenen Zweige und Bereiche ist mit ihrer Verteilung identisch. Austausch und Distribution sind demnach ebenso als Momente der Produktion anzusehen, wie umgekehrt, Produktion und Distribution Momente des Austauschs sind.

Schließlich werden mit dem Austausch von Arbeitsprodukten auch Konsumtionsprozesse vorbereitet bzw. unmittelbar gestaltet. Das ist dann der Fall, wenn mit der Zirkulation von Arbeitsprodukten zugleich Problemlösungen für den jeweiligen Anwender bzw. Verbraucher ausgetauscht werden bzw. der Austausch von Arbeitsergebnissen mit konsumtionswirksamen Leistungen verbunden ist, die die Art und Weise der Konsumtion beeinflussen.

Folglich wird die dialektische Einheit der vier Phasen der Reproduktion dadurch gekennzeichnet, daß sie jeweils Momente der anderen Phase in sich aufnimmt, wobei die unmittelbare Produktion jenes Moment ist, das auf alle anderen Momente übergreift.

So verhält es sich auch mit der Phase der Zirkulation. Der Austausch ist selbst produzierende Tätigkeit, ist Distribution von Arbeitsergebnissen und bereitet Konsumtionsprozesse vor bzw. gestaltet sie. „Der Austausch erscheint so in allen seinen Momenten in der Produktion entweder direkt einbegriffen oder durch sie bestimmt.“[5]

Wenn aber die Zirkulation jeweils Moment der anderen Reproduktionsphase, vornehmlich der Produktion ist, was berechtigt uns dann zu der Auffassung, daß der Austausch eine relativ selbständige, von den anderen Reproduktionsphasen unterschiedliche Reproduktionsphase sei? Welche selbständige Funktion ist der Zirkulation in der Bewegung des gesellschaftlichen Produkts von seiner Herstellung bis zu seiner endgültigen Verwendung eigen?

Diese Frage ist auf das engste mit dem Grad der Vergesellschaftung der Produktion und der Arbeit, wie sie unter anderem im Entwicklungsstand der gesellschaftlichen Arbeitsteilung zum Ausdruck kommt, verbunden. Jede Gesellschaftsformation, die auf gesellschaftlicher Arbeitsteilung beruht, setzt vielseitige Produktionstätigkeit der Gesellschaftsmitglieder voraus, worin die Notwendigkeit eingeschlossen ist, die Arbeitsergebnisse auszutauschen. Ohne den ständigen Austausch von Tätigkeiten, Kenntnissen, Fertigkeiten kann keine arbeitsteilig gegliederte Gesellschaft produzieren, weshalb dieser Austausch auch unmittelbar produzierende Tätigkeit ist.

In ähnlicher Weise verhält es sich mit der Zirkulation von Arbeitsprodukten, die Konsumreife angenommen haben und nunmehr auf ihren unmittelbaren Verbrauch warten. In dieser Hinsicht gestaltet sich die Zirkulation relativ unabhängig von der Produktion und ist mit den Realisierungsbedingungen *als Gebrauchswert* untrennbar verbunden. Ebenso wie unter den Bedingungen der arbeitsteilig gegliederten Gesellschaft im hohen Maße der Produzent nicht auch Konsument seiner hergestellten Erzeugnisse ist, so fallen auch nicht Produktions- und Konsumtionsbedingungen in zeitlicher und räumlicher Hinsicht zusammen. Der Austausch von Arbeitsergebnissen, die konsumreif gestaltet wurden, verläuft relativ selbständig von den übrigen Phasen der Produktion und ist dazu berufen, die wechselseitigen Zusammenhänge zwischen Produktion und Konsumtion zu vermitteln. Mit der Distribution hat die Zirkulation gemein, daß sie stets zwischen Anfangs- und Endpunkt der Reproduktion fungiert.

Die Zirkulation von Arbeitsprodukten als von den übrigen Phasen der Reproduktion relativ selbständige Phase ist deshalb vor allem mit der Funktion verbunden

- Produktion und Konsumtion miteinander zu verflechten, womit die Kontinuität und Flexibilität der Reproduktion überhaupt erst hergestellt und gewahrt wird;
- während der Zirkulation wirken Impulse auf die Entwicklung der Bedürfnisse ein, die ihrerseits auf die Produktion zurückwirken;

— die Zirkulation transformiert die von der Produktion ausgehenden Impulse auf die Gesamtheit der Konsumtionsbedingungen.

Auf ein weiteres methodologisches Problem sei noch kurz eingegangen, das mit der Realisierung verschiedener Teile des gesellschaftlichen Gesamtprodukts zusammenhängt und von theoretischem und praktischem Interesse ist.

Bei der Darstellung des wechselseitigen Zusammenhangs der verschiedenen Phasen des Reproduktionsprozesses hat Marx die Distribution und den Austausch von Produkten als die doppelte Mitte des Reproduktionsprozesses bezeichnet, in dem die Distribution „als das von der Gesellschaft, der Austausch als das von den Individuen ausgehende Moment bestimmt ist ... Die Distribution bestimmt das Verhältnis (das Quantum), worin die Produkte an die Individuen fallen; der Austausch bestimmt die Produkte, worin das Individuum den ihm durch die Distribution zugewiesenen Anteil verlangt."[6]

Mir scheint, daß dieser Gedanke von der doppelten Mitte, die Distribution und Austausch von Produkten in der Reproduktion des materiellen Lebens einnehmen, für die methodologischen Grundlagen künftiger Prognosearbeiten von Bedeutung ist. In ihm liegen wesentliche Elemente begründet, in welcher Weise die Gesellschaft aktiv auf die Formierung und gesellschaftliche Anerkennung der Bedürfnisse im Sinne der sozialistischen Lebensweise Einfluß nehmen kann und auftretende Widersprüche zwischen den Interessen der Gesellschaft, Interessen und Bedürfnissen der Einzelnen immer wieder erneut und auf höherem gesellschaftlichen Niveau löst.

Die wirksamste Einflußnahme ist wohl *die* Verteilung, die direkt auf die Bedürfnisse gerichtet vollzogen wird. In diesem Falle stimmen die gesellschaftlichen Interessen mit denen der Einzelnen voll überein bzw. werden individuelle Bedürfnisse zu gesellschaftlichen und umgekehrt. Aber da in der ersten Phase der kommunistischen Gesellschaftsformation die Wechselbeziehungen zwischen Produktion und Bedürfnissen vor allem über Ware-Geld-Beziehungen erfolgen, werden neben den Arbeitseinkommen entsprechend der individuellen Arbeitsleistung aus den gesellschaftlichen Konsumtionsfonds zusätzliche Geldeinkommen für die Zwecke der individuellen Konsumtion, für die Befriedigung materieller und kultureller Bedürfnisse bereitgestellt. Ihr Anteil an der Steigerung der Nettogeldeinnahmen der Bevölkerung betrug 1966—1970 rund 33%. Im Zeitraum 1971—1975 wird dieser Anteil voraussichtlich auf 38% anwachsen. Der Anteil direkter Geldeinnahmen aus gesellschaftlichen Fonds an den Nettogeldeinnahmen betrug 1965 rund 24% und wird sich bis zum Jahre 1975 auf rd. 28% erhöhen. Die Geldeinnahmen der Bevölkerung, die Differenziertheit der Geldeinkommen selbst, die nicht direkt bedürfnisbezogen, sondern indirekt als Einkommen auf die Formierung und auf die gesellschaftliche Anerkennung der Bedürfnisse wirken, bestimmen in hohem Maße die Zirkulation und ihre Struktur. Aber auch die direkt bedürfnisbezogene Verteilung von Gütern und Leistungen, bei der sich die Ware-Geld-Zirkulation nicht mehr in die Wechselbeziehungen zwischen Produktion und Bedürfnissen einschaltet, hat auf die Entwicklungsrichtung der Zirkulation Einfluß. Das ergibt sich aus dem inneren Zusammenhang der Bedürfnisse und ihrer Struktur selbst. Wächst nämlich mit den gesellschaftlichen Konsumtionsfonds zugleich auch der unentgeltliche bzw. zum Teil unentgeltliche Verbrauch der Güter und Leistungen für Bildung, Erholung, Gesunderhaltung usw., so konzentrieren sich zwangsläufig die über Geldeinkommen (sei es aus Arbeitseinkommen oder aus gesellschaftlichen Konsumtionsfonds) vermittelten beiden Teile auf die Bedürfniskomplexe, die in der Zirkulation als kaufkräftige Nachfrage auftreten. Mitunter wird dieser für die Darstellung der Zirkulationsproblematik wichtige methodologische Aspekt nicht immer vollständig berücksichtigt. Nach Berechnungen unseres Instituts betrug im Jahre 1972 der Anteil konsumtiver Bedürfnisse, die über den Einzelhandelsumsatz vermittelt wurden, d. h. als kaufkräftige Nachfrage auftraten, etwa 70÷71%. Mit rund 10% waren bezahlte Dienstleistungen sowie mit 19—20% der unentgeltliche bzw. zum Teil unentgeltliche Verbrauch an der Befriedigung konsumtiver Bedürfnisse beteiligt. Dieser Anteil wird sich zweifellos in der Perspektive verändern. Hieraus ergibt sich zweierlei:

Erstens: im Rahmen künftiger prognostischer Arbeiten müssen wir, fußend auf dem Primat der Produktion gegenüber den anderen Phasen des Reproduktionsprozesses, der doppelten Mitte der Reproduktion, d. h. Distribution und Zirkulation in ihren wechselseitigen Zusammenhängen stärkere Aufmerksamkeit schenken. Über sie wird die aktive Rückwirkung der Bedürfnisse auf die Produktion vermittelt. Nur so kann die ganze Kompliziertheit der Übereinstimmung gesellschaftlicher und persönlicher Interessen und Bedürfnisse, der Mechanismus der gesellschaftlichen Anerkennung und persönlicher Bedürfnisse vollständig erfaßt werden. Für die schrittweise Realisierung des sozialpolitischen Programms ist dies von Bedeutung. Eine Verselbständigung der Distribution von der Zirkulation und umgekehrt birgt Gefahren in vielfältiger Hinsicht in sich, z. B. die Trennung der Einkommensbildung von der materiellen und wertmäßigen Strukturierung der Fonds, die über Einkommen realisiert werden, die Trennung der Einkommensbildung und -realisierung von der proportionalen Entwicklung der Waren- und Kauffonds der Bevölkerung.

Zweitens wird sichtbar, daß die Zirkulation, verstanden als Ware-Geld-Zirkulation, ein engmaschiges Geflecht gesellschaftlicher Beziehungen zwischen der Gesellschaft und dem Einzelnen, zwischen den Betrieben und zwischen den

Betrieben und den Einzelnen darstellt, das in seiner Gesamtheit zum System sozialistischer Produktionsverhältnisse gehört.

Ich möchte mich nunmehr einer Frage näher zuwenden, der Umlauf- bzw. Zirkulationszeit als effektivitätsbestimmender Faktor in der intensiv erweiterten sozialistischen Reproduktion.

3. Umlauf- bzw. Zirkulationszeit als effektivitätsbestimmender Faktor in der intensiv erweiterten sozialistischen Reproduktion

Der Umschlag der Bewegungsformen des gesellschaftlichen Produkts bringt eine spezifische Seite der Wirkungsbedingungen des Gesetzes der Ökonomie der Zeit zum Ausdruck. Die Umschlagszeit ist mit beiden Wirkungssphären eng verflochten, der Produktions- und Zirkulationssphäre. Das konkrete Umschlagsverhalten der als Produktionsvorräte, unvollendete Produktion und Fertigerzeugnisse auftretenden Umlauffonds stellt eine Seite der Wirkungsbedingungen des Gesetzes der Zeitökonomie dar und ist ein wichtiger Faktor der Intensivierung der gesellschaftlichen Reproduktion. Es muß berücksichtigt werden, daß der überwiegende Teil der Zirkulation sich materiell stofflich aus Produktionsmitteln zusammensetzt, d. h. daß die Zirkulation auf die Ergiebigkeit des Produktionsprozesses und seine ständige Erneuerung aktiv beeinflußt. Nimmt man den Anteil des Einzelhandelsumsatzes am gesellschaftlichen Gesamtprodukt als Anhaltspunkt für die Konsumgüterzirkulation — er betrug im Jahre 1972 22,1% —, so kann man mit einer gewissen Berechtigung sagen, daß die Produktionsmittelzirkulation in der DDR mit mehr als zwei Dritteln an der Zirkulation überhaupt beteiligt war. Die Umschlagszeit der Umlauffonds in der Produktions- und Zirkulationssphäre ist mit der Effektivität des gesellschaftlichen Reproduktionsprozesses zunächst über die Bildung des Nationaleinkommens unmittelbar verbunden. Die Kontinuität des Reproduktionsprozesses setzt Fonds an Arbeitsgegenständen, Hilfsmaterialien und Fertigerzeugnissen voraus, über die ihrem Umfang und ihrer gebrauchswertmäßigen Struktur nach stets verfügt werden kann. Nur so kann auf rationelle Art und Weise das gesellschaftliche Arbeitsvermögen mit den Grundfonds kombiniert auf den Arbeitsgegenstand einwirken. Bei wachsender Grundfondsausstattung und Nutzung (durch Verlängerung der Maschinenzeiten und Erhöhung des Schichtkoeffizienten) ist der Nutzeffekt der lebendigen Arbeit nur bei *bedarfsgerechter* Bereitstellung der für die Herstellung der Erzeugnisse erforderlichen Materialien steigerungsfähig. Angesichts der wachsenden Dimensionen des Produktionsfeldes und des zunehmenden Spezialisierungsgrades der gesellschaftlichen Produktion gewinnt die materiell-technische Versorgung, die eine bedarfsgerechte Vorrats- und Bestandsbildung zu sichern hat, für die Erhöhung der gesellschaftlichen Arbeitsproduktivität immer mehr an Bedeutung. Hierbei handelt es sich um Vorgänge, die die Kontinuitätserfordernisse der weiteren Intensivierung in den Vordergrund rücken. Die Kontinuitätserfordernisse erscheinen als ein relativ selbständiger Effektivitätsfaktor im System der herkömmlichen Aufwands- und Leistungsrelationen bei der Herstellung und Realisierung von Erzeugnissen. Im Unterschied zu letzteren (wie z. B. Kosten, Arbeitsproduktivität) ist der Zusammenhang zwischen den unmittelbaren Effektivitätsquellen und ihren Wirkungen und Erscheinungsformen oft schwerer erkennbar, da sie wegen der bestehenden gesellschaftlichen Arbeitsteilung örtlich und zeitlich auseinanderfallen. In jedem Falle wirken sie mehr oder weniger intensiv auf die nächstfolgenden Reproduktionszyklen ein, weshalb die Kontinuitätserfordernisse angesichts der verschiedenen gesellschaftlichen, ökonomischen und technologischen Abhängigkeiten sich immer stärker mit den Faktoren des langfristigen Wirtschaftswachstums verflechten.

Aus der Dialektik, die zwischen dem reibungslosen, nacheinander erfolgenden Übergang der Fonds aus einem Element in das andere und ihrem zeitlichen Nebeneinander besteht, ergibt sich, daß die Aufrechterhaltung der Kontinuität einen bestimmten Aufwand an Fonds erfordert, der entweder auf die volkswirtschaftliche Gesamtleistung oder auf die jeweilige Leistung, die die Produktions- und Zirkulationssphäre zu erbringen haben, bezogen wird. Diese Art von Aufwand in Gestalt von Vorräten und Beständen folgt zwar der Tendenz zur Reduktion auf ein Minimum. Ihrer Funktion gemäß können Vorräte und Bestände aber dieser Tendenz stets nur im Rahmen der Sicherung der Kontinuitätserfordernisse für die Gesamtheit der Reproduktionsbedingungen folgen. Jenseits dieser Begrenzung bedeutet eine weitere Reduzierung der Fonds eine Gefährdung der Kontinuität des Reproduktionsprozesses, womit möglicherweise erhebliche Effektivitätseinbußen eintreten können.

Zu geringe Bevorratung und Bestandsbildung in der Produktions- und Zirkulationssphäre wirken sich über Stillstandszeiten in der Produktion, über ungenügende Ausnutzung der Grundfonds und der technologischen Ausrüstungen aus. Davon wird nicht nur der laufende Aufwand für die unmittelbar stoffliche Herstellung der Erzeugnisse in dem Betrieb, wo die Störung auftritt, beeinflußt. Auch auf nachfolgende Produktionsstufen werden Störungen wirksam, die sich in vertragswidrigen Belieferungen äußern und mitunter Kettenreaktionen in der horizontalen und vertikalen Verflechtung der Produktions- und Zirkulationsstufen auslösen können.

Seit 1971 haben wir hinsichtlich der Kontinuität der industriellen Warenproduktion, die vor allem durch die materiell-technische Versorgung gesichert wurde, erhebliche Fortschritte erzielt. In dem Maße, wie Disproportionen in der Zuliefer- und Verarbeitungsindustrie gemildert bzw. überwunden und eine ausreichende Bevorratung gesichert werden konnte, sanken die durchschnittlichen Vertragsrückstände, bezogen auf jeweils eine Tagesproduktion. Mit einer die Kontinuitätserfordernisse übersteigenden Bestands- und Vorratsbildung dagegen werden Kontinuitätserfordernisse mit einem zu hohen Aufwand gewissermaßen „erkauft“, in der Weise nämlich, daß sie den unmittelbaren Produktionsprozeß entzogen sind (Produktionsvorräte) bzw. nicht der laufenden Bedürfnisbefriedigung zur Verfügung stehen (Fertigerzeugnisse).

Bei bestimmten Fertigerzeugnissen, deren Gebrauchswert ohnehin nur eine begrenzte Zirkulationszeit erlaubt, kann direkter oder teilweiser Verlust entstehen, wenn die Zirkulationszeit länger als die durch ihre Gebrauchswerteigenschaften gesetzten Zeitschranken andauert. Überhaupt wird damit ein Phänomen berührt, das der Vorratsbildung allgemein und noch mehr der Bestandsbildung an Fertigerzeugnissen eigen ist und das mit der weiteren Intensivierung der sozialistischen Reproduktion an Gewicht zunimmt. Vorräte in der Produktion und Warenbestände in der Zirkulation üben nur dann ihre Funktion aus, die Kontinuität der Reproduktion zu gewährleisten, wenn sie in der Produktion und Zirkulation sich ununterbrochen *gebrauchswertmäßig* erneuern. Ihre Funktion in der Produktion und Zirkulation wird mit einem um so höheren gesellschaftlichen Effekt wahrgenommen, je mehr die Vorräte und Bestände aus dem laufenden Reproduktionszyklus gebildet und für den laufenden oder zumindest für den nächstfolgenden Reproduktionszyklus Verwendung finden. Ein gleich hoher wertmäßiger Warenbestand an Fertigerzeugnissen zum Beispiel, der für einen höheren Umsatz verwendet wird, bringt zunächst eine Senkung der Bestandsintensität und eine Beschleunigung ihres Umschlages mit sich. Diese Beschleunigung des Umschlages kann aber durch eine überdurchschnittliche Beschleunigung der Warenbestände aus dem laufenden Reproduktionszyklus erreicht worden sein und eine tatsächlich eingetretene Verlangsamung besonders jener Bestandteile, die aus früheren Reproduktionszyklen stammen, kompensieren bzw. überkompensieren. So weisen repräsentative Untersuchungen darauf hin, daß etwa 80—85% der Überplanbestände in der Industrie für die Produktion der nächsten Monate benötigt wurden. Von den restlichen 15—20% kann aus gebrauchswertmäßigen Gründen aber nur ein bestimmter Teil zwecks Wiederverwendung durch den Produktionsmittelhandel von den Industriebetrieben übernommen werden.

Die Dynamik der Bedürfnisentwicklung und der wachsende Anteil neuer und weiterentwickelter Verfahren und Erzeugnisse verlangt daher, der Bestimmung der Altersstruktur der Warenvorräte und -bestände, d. h. ihrer Verweildauer in der Produktionssphäre und in der Zirkulationssphäre mehr Aufmerksamkeit als in der Vergangenheit zu schenken. Hier bietet sich ein weites Feld für den Einsatz von EDV-Anlagen für die gebrauchswertmäßige Kontrolle des Warenumschlages, zumal manuelle Bestandskontrollen angesichts der Erzeugnisvielfalt ohnehin nur periodisch und mit einem hohen Aufwand durchgeführt werden können.

Gewöhnlich tritt ein zusätzlicher Bedarf an Vorräten und Beständen nicht zur gleichen Zeit und am gleichen Abschnitt der Reproduktion auf. Zeitweilig übermäßig angesammelte Vorräte und Bestände an einem Abschnitt der Reproduktion fehlen an einem anderen Abschnitt und führen dort zu den Auswirkungen, die aus einer zu niedrigen Vorrats- und Bestandsbildung resultieren. Folglich gehören neben der Konzentration wissenschaftlich-technischer Maßnahmen auf materialsparende und -substituierende Verfahrens- und Erzeugnislösungen auch der Ausbau der normativen Basis des Materialverbrauchs und der Bestände zu unverzichtbaren Bestandteilen der Materialökonomie.

Da aber die Aufrechterhaltung der Kontinuität eben einen bestimmten Fondsaufwand erfordert, die erweiterte Reproduktion auch einen zusätzlichen Bedarf an Vorräten und Beständen hervorruft, ist die Umschlagszeit der Umlauffonds in der Produktions- und Zirkulationssphäre nicht nur mit der Bildung des Nationaleinkommens, sondern über die Quote der Umlauffonds auch mit dessen Verwendungsproportionen wechselseitig verknüpft.

Für das gleiche Wachstum an Nationaleinkommen wird bei sinkender Quote der Umlauffonds eine höhere Akkumulationsrate erforderlich oder bei gleicher Akkumulationsrate wäre eine Verringerung des Zuwachses an Nationaleinkommen die Folge, wenn man unterstellt, daß alle anderen Faktoren, die auf die Akkumulationsrate einwirken, unveränderlich bleiben. Eine sinkende Quote

Prozentualer Anteil der Verwendung des Nationaleinkommens für Bestandserhöhungen und Reserven in der DDR in den Jahren 1965 bis 1973[7]

Jahr	National-einkommen = 100	davon Akkumulation in Prozent	Konsumtion in Prozent	Anteil d. Bestandserhöhungen u. Reserven a. d. Verwendung des NE in Prozent
1965	100	19,9	80,1	4,5
1970	100	24,0	76,0	3,7
1972	100	22,1	77,9	3,5
1973	100	22,1	77,9	3,1

der Umlauffonds (durch Verlängerung der Umschlagszeit) schmälert das Wachstum der Konsumtionsfonds. Die Beschleunigung des Umschlags der Umlauffonds in der Produktions- und Zirkulationssphäre führt hingegen zu besseren Bedingungen für die Bedürfnisbefriedigung im betreffenden Zeitabschnitt bei gleichzeitiger Erhöhung des Tempos der Produktionsentwicklung.

Der Einfluß der Umlaufzeit auf die Verwendungsproportionen des Nationaleinkommens in der DDR wird aus folgenden Angaben deutlich. Er weist seit 1965 auf eine Beschleunigung der Umschlagszeit der Umlauffonds hin.

Äußerst aufschlußreich bei der Bestimmung der einzelnen Faktoren, die für diese Entwicklung maßgebend waren, ist der Einfluß der Produktionszeit auf die Umlaufs- bzw. Zirkulationszeit.

Marx hat uns in den „Theorien über den Mehrwert" ein außerordentlich interessantes methodologisches Material hinterlassen, auf dessen Grundlage wir den Einfluß der Verkürzung der Produktionszeit auf die Zirkulationszeit näher bestimmen können. Die Verkürzung der Zirkulationszeit wird vor allem in dreierlei Richtung durch die Verkürzung der Produktionszeit verursacht.

Erstens ruft die Steigerung der Arbeitsproduktivität eine Verkürzung der Produktionszeit hervor. Das ist gleichbedeutend mit einer Verkürzung der Zeit, innerhalb derer die Arbeitsgegenstände erneuert werden müssen. Eine Verkürzung der Produktionszeit wird an Tendenzveränderungen der verschiedenen Anteile der Elemente der materiellen Umlaufmittel sichtbar. Diese Tendenzveränderungen weisen einen wachsenden relativen Anteil der Materialvorräte und der Fertigerzeugnisse und einen sinkenden Anteil der in der Produktion unvollendeten Erzeugnisse aus.

Betrachtet man einen längeren Zeitraum, so kann auch folgender Vergleich herangezogen werden:

Entwicklung der Strukturelemente der materiellen Umlaufmittel in der zentralgeleiteten Industrie in den Jahren 1970 bis 1973 (in Prozent)[8]

	Anteil in Prozent	Anteil in Prozent	Veränderungen (1970 = 100) 1973/1970
Material	41,7	42,7	126,6
unfertige Erzeugnisse	43,6	40,9	115,8
Fertigerzeugnisse	14,7	16,4	138,3
insgesamt	100	100	123,6

Lag in den fünfziger Jahren in den Maschinenbaubetrieben das Verhältnis zwischen Material, unfertigen Erzeugnissen und fertigen Erzeugnissen bei etwa 28 : 55 : 17 (vgl. die Umlaufmittel in der volkseigenen Industrie, Diskussionsbeiträge zu Wirtschaftsfragen, Heft 22, S. 38, Verlag Die Wirtschaft 1955), so liegt das Verhältnis gegenwärtig im Durchschnitt des Verarbeitungs-, Maschinen- und Fahrzeugbaus bei 36 : 38 : 26.

Zweitens wird die Umlaufzeit der Fonds durch die kombinatsmäßige Zusammenführung verschiedener Produktionsprogramme bei gleichzeitiger Konzentration und Zentralisierung der Produktion in Verbindung mit der Entwicklung der Wirtschaftsorganisation stark beeinflußt.

Hieraus folgt, daß die Vervollkommnung der Organisation der gesellschaftlichen Produktion, die leitungsmäßige Beherrschung der weiteren Vergesellschaftung der Produktion und Arbeit, die Organisation der materiell-technischen Versorgung und die Gestaltung der Kooperationsbeziehungen zwischen und innerhalb der Zweige auch für die Ökonomisierung der Umlaufmittelsphäre von ausschlaggebender Bedeutung sind. Gewiß können sich die Zeiten des Überganges von einer Produktionsphase in die nächstfolgende durch die zunehmende Entfernung zwischen dem Ort der Produktion und der Konsumtion ausdehnen. Das wird in dem Maße um so mehr eintreten, wie sich die sozialistische Arbeitsteilung auch im internationalen Maßstab entfaltet, wenn die internationale Spezialisierung nach Erzeugnissen sich auch auf Betriebe usw. erstrecken wird. Da sich in der DDR aber nach Berechnungen unseres Instituts von 1960 bis 1972 die durchschnittlichen Transportwege im Binnenverkehr bei etwa 77 km konstant hielten (wenn man die Seeschiffahrt eliminiert), so wirkten in diesem Zeitraum nicht die zunehmende oder abnehmende Entfernung der Produktions- von den Konsumtionsstandorten, sondern in erster Linie die Transportgeschwindigkeit und die Transportzyklen auf die Umlaufzeit der Fonds in der Produktions- und Zirkulationssphäre ein.

Drittens ist der wachsende Grad der Ausstattung mit Grundfonds (Ausrüstungsanteil) und die Verbesserung ihrer ökonomisch-technischen Parameter ein mit der Beschleunigung des wissenschaftlich-technischen Fortschritts an Gewicht zunehmender Faktor, der das Verhalten der Umlauffonds in der Produktions- und Zirkulationssphäre beeinflußt.

Veränderungen in der organischen Zusammensetzung der Fonds bewirken nicht nur eine Verkürzung der Produktionszeit innerhalb einer Produktionsphase, beschleunigen nicht nur den Übergang von einer Produktionsphase in die nächstfolgende, sondern erzwingen zugleich eine *beständige Produktion.*[9]

Aber dieses durch die wachsende Grundfondsausstattung hervorgerufene wechselseitige Verhältnisse zum Umlauf der Arbeitsprodukte in ihrem unfertigen Zustand, das vor allem in der wachsenden Arbeitsgeschwindigkeit der

Ausrüstungen begründet liegt, ist je nach dem Verwendungszweck des Arbeitsproduktes an unterschiedliche Voraussetzungen gebunden. Handelt es sich um Arbeitsprodukte, die als Produktionsmittel im künftigen Reproduktionszyklus fungieren, sind der Umlauf und die Zeit, in der sie umschlagen, durch den Produktionsprozeß, vor allem durch die Arbeitsgeschwindigkeit der Ausrüstungen und den Schichtkoeffizienten selbst bestimmt. Anders verhält es sich im Reproduktionszyklus von Konsumgütern. Die zunehmende Geschwindigkeit, worin sich der Produktions- und Reproduktionsprozeß von Konsumgütern erneuert, hängt unter anderen davon ab, in welcher Zeit sich die individuelle Konsumtion (verstanden als wiederholte Befriedigung des gleichen Bedürfnisses) erneuert. Insofern hat die Geschwindigkeit der individuellen Konsumtion Einfluß auf die Zirkulationszeit der Konsumgüter.

Auf diesen Zusammenhang zwischen Erhöhung der organischen Zusammensetzung der Fonds und der Geschwindigkeit, in der sich die individuelle Konsumtion erneuern muß, hat Marx hingewiesen. „Die Konsumtion, auch in den Artikeln, *wo dies nicht durch die Natur des Gebrauchswerts bedingt,* wird immer mehr contemporaneous mit der Produktion, also immer mehr von der present coexisting labour abhängig."[10] (Unterstreichung vom Verf.)

Wie verhält es sich nun bei uns? Ist auch für sozialistische Bedingungen denkbar, daß der wissenschaftlich-technische Fortschritt in der Produktion in der Weise auf die Konsumtionsbedingungen Einfluß nimmt, daß Beständigkeit und Raschheit der Produktion auch auf die individuelle Konsumtion übergreift? Eine gewisse Antwort darauf gibt die Analyse des jahreszeitlichen Rhythmus der individuellen Konsumtion, dargestellt am jahreszeitlichen Rhythmus des Einzelhandelsumsatzes über mehr als 10 Jahre.

In diesem Zusammenhang ist eines von Interesse: Wird der jahreszeitliche Rhythmus der Produktion als gegeben vorausgesetzt und wird ferner von der Annahme ausgegangen, daß die Streuung der Produktion sich gleichmäßiger auf die einzelnen Monate verteilt als der Einzelhandelsumsatz, so folgt daraus, daß sich die Zirkulationszeit bei Konsumgütern dann verkürzt, wenn die monatliche Verteilung des Einzelhandelsumsatzes eine Tendenz der Nivellierung aufweist. Insgesamt hat sich die Streuung des Einzelhandelsumsatzes auf Monate und Quartale von 1960 bis 1973 immer ausgeglichener gestaltet. Diese Tendenz ist um so bemerkenswerter, als im Untersuchungszeitraum der Einzelhandelsumsatz insgesamt beträchtlich gesteigert wurde und mit dieser Steigerung zugleich erhebliche Veränderungen in seiner Struktur einhergingen. Teilzahlung und Jahresendprämien, die im 1. Quartal ausgezahlt werden, haben zwar dazu beigetragen, aber sind nicht alleinig bestimmende Faktoren, wie es ein Vergleich der Einzelhandelsumsätze mit den Bargeldumsätzen deutlich macht. Hieraus entstehen eine Reihe von Problemen, die weit über die Zirkulationsproblematik hinausgehen und Fragen der künftigen Bedürfnisstrategie berühren und deshalb hier nur angedeutet werden können. Beschleunigt sich der Produktionsrhythmus, erhöht sich der Anteil neuentwickelter Erzeugnisse,

Anteil des monatlichen Einzelhandelsumsatzes am Jahresumsatz (in Prozent) in den Jahren 1960 bis 1972[11]

Monat	1960	1965	⌀ 1961/65	1970	⌀ 1966/70	1972
Januar	6,7	6,8	6,8	6,7	6,7	6,5
Februar	7,0	7,0	7,1	7,1	7,2	7,5
März	8,0	8,0	8,2	8,4	8,3	8,9
Summe I. Quartal	21,7	21,8	22,1	22,2	22,2	22,9
April	8,2	8,5	8,0	8,2	8,1	7,7
Mai	8,1	7,9	8,0	8,2	8,2	8,1
Juni	8,1	7,9	8,0	8,1	7,9	8,2
Summe II. Quartal	24,4	24,3	24,0	24,5	24,2	24,0
Juli	8,5	8,6	8,5	8,6	8,4	8,1
August	8,3	8,3	8,6	8,3	8,4	8,4
September	8,3	8,3	8,3	8,3	8,3	8,3
Summe III. Quartal	25,1	25,2	25,4	25,2	25,1	24,8
Oktober	8,6	8,9	8,8	8,6	8,6	8,5
November	8,9	9,0	8,9	8,6	8,9	9,0
Dezember	11,3	11,1	10,8	10,8	10,9	10,7
Summe IV. Quartal	28,8	29,0	28,5	28,0	28,4	28,2

so wächst auch der moralische Verschleiß bei Konsumgütern. Mit dem Anwachsen des moralischen Verschleißes wiederum können Wirkungen verbunden sein, die unserer Auffassung von einer rationellen Bedürfnisbefriedigung entgegenstehen; ganz abgesehen davon, daß auch zusätzliche Umweltbelastungen auftreten können. Gebrauchswarenhandel, Teilzahlungskredite sind m. E. keine Alternativen. Auch gibt es bei bestimmten Konsumgütern langlebiger Nutzungsdauer bisher wenig Möglichkeiten, sie in den wirtschaftlichen Kreislauf als Material oder gar als Zwischenprodukt zurückzuführen. Künftige Wohnungsfläche, Qualität der Erzeugnisse, soweit sie an der Haltbarkeit und Nutzungsdauer gemessen wird, die wechselseitigen Beziehungen, die zwischen Neuheitenanteil und Reparaturdiensten bestehen, ja selbst allein schon die Beantwortung der

Frage, was sind denn eigentlich neue Konsumgüter, alles das zwingt zu Überlegungen im Rahmen der künftig zu erarbeitenden Bedürfnisstrategien, die jeweils ihre spezifisch sozialistischen Lösungen erfordern. Sie sind aus der Zirkulation von Konsumgütern nicht zu erklären und schon gar nicht aus ihr herauszulösen.

Für die Erhöhung der Effektivität des Umlaufmitteleinsatzes verbunden mit der Gewährleistung der Kontinuität der Reproduktion ist es nicht gleichgültig, in welchen Proportionen sich Produktionsumlauffonds und Zirkulationsfonds im Rahmen des Gesamtaufwands an Umlaufmitteln bewegen.

Nach Berechnungen unseres Instituts entwickelten sich in der DDR die Anteile der Produktionsumlauffonds (das sind die Materialvorräte und die unvollendete Produktion) und der Zirkulationsfonds (das sind die Fertigerzeugnisse in Industrie und Handel) von 55,3 bzw. 44,7% im Jahre 1960 auf 62,8 bzw. 37,2% im Jahre 1970. Im Jahre 1972 lag der Anteil der Produktionsumlauffonds bereits bei 64,0%, während die Zirkulationsfonds einen Anteil von rund 36,0% aufwiesen. Bei einer, wie wir sahen, insgesamt verringerten Umlaufmittelintensität, die zu einer Beschleunigung des Umschlags der Umlaufzeit führte, hat sich die Umlaufzeit insgesamt schneller verringert als jener Teil der Produktionszeit, der in Produktionsvorräten gebunden ist. Dies ist um so bemerkenswerter, als bekanntlich in den letzten sechziger Jahren und verstärkt in den folgenden Jahren der spezifische Materialaufwand bei volkswirtschaftlich wichtigen Erzeugnissen verringert werden konnte und somit sich auch der Bedarf an Material relativ reduzierte.

Die relative Verringerung der Zirkulationsfonds, verglichen zu den gesamten Umlauffonds, vollzog sich bei Strukturveränderungen in den Zweigen der produzierenden Bereiche, die kurz- oder längerfristig anhaltende und auch gegenläufige Wirkungen auf den Umlauffonds und auf seine Verteilung nach Produktionsumlauffonds und Zirkulationsfonds auslösten. Der sinkende Anteil des Zirkulationsfonds an dem gesamten Umlauffonds bringt auch in bestimmtem Ausmaß die in den sechziger Jahren aufgetretenen Disproportionen zwischen zuliefernden und verarbeitenden Industriezweigen zum Ausdruck.

Ungeachtet aller dieser den reinen Entwicklungstrend verzerrenden Erscheinungen wirken zunehmend Faktoren in Richtung auf einen sinkenden Anteil der Zirkulationsfonds an den gesamten Umlauffonds in der Volkswirtschaft. Das liegt in den veränderten Produktions- und Konsumtionsbedingungen vor allem bei Produktionsmitteln begründet. Bei wachsendem Ausstattungsgrad der produzierenden Bereiche mit Grundfonds und Verbesserung ihre ökonomisch-technischen Parameter beeinflussen sie Richtung und Tempo des Umschlags der Zirkulationsfonds maßgeblich. Die vorwiegend als Fertigerzeugnisse in der arbeitsteiligen Stufenfolge der gesellschaftlichen Produktion fungierenden

Zirkulationsfonds werden durch die zunehmende Geschwindigkeit, in der sich die Produktion erneuert, zwangsläufig schneller umgeschlagen. Da der überwiegende Teil der als Umlauffonds fungierenden Fertigerzeugnisse, wie wir sahen, sich aus Produktionsmitteln zusammensetzt und auch weiterhin zusammensetzen wird, liegt in der Beschleunigung des wissenschaftlich-technischen Fortschritts und der mit ihm zusammenhängenden Entwicklungsproportion der Abteilung I und II der gesellschaftlichen Produktion ein wesentlicher Faktor für die Strukturveränderungen der Umlauffonds in der Produktions- und Zirkulationssphäre zugunsten der Produktionsumlauffonds begründet. Dieser Effekt tritt durch den schnelleren Umschlag der Zirkulationsfonds, gemessen am Gesamtumschlag der Umlauffonds, in den produzierenden Bereichen ein. Er verletzt nicht die Kontinuitätserfordernisse der Produktion. Im Gegenteil, es werden bei wachsender Grundfondsausstattung eine ihrer wesentlichen Bedingungen geschaffen. Wir können diese Effekte auch als Gratiseffekte bezeichnen, die aus der Verkürzung der Produktionszeiten entstehen. Aber es werden auch entgegenwirkende Tendenzen sichtbar, wenn man etwas näher die Bestandsbildung an Fertigerzeugnissen betrachtet. Zirkulationsfonds als Fertigerzeugnisse treten gleichzeitig in der Produktions- und Zirkulationssphäre auf. Von ihrem Proportionsgefüge hängt nicht nur der Grad der Kontinuität, sondern auch ihre Einsatzeffektivität ab. Nach Berechnungen unseres Instituts entwikkelte sich der Anteil der Zirkulationsfonds, die einerseits im Binnenhandel und andererseits in den übrigen produzierenden Bereichen der Volkswirtschaft vorhanden sind, von 81,6% bzw. 18,4% im Jahre 1960 auf 75,9 bzw. 24,1% im Jahre 1970. Im Jahre 1972 waren im Binnenhandel 71,4% und in den anderen produzierenden Bereichen 28,6% der Fertigerzeugnisse vorhanden.

Eine wichtige Ursache dafür, weshalb sich im zurückliegenden Zeitraum der Zirkulationsfonds anhaltend vom Binnenhandel auf die anderen produzierenden Bereiche der Volkswirtschaft verlagerte, besteht darin, daß vor allem die Produktionsmittelzirkulation schneller wuchs als der Umsatz des Produktionsmittelhandels. Das bedeutet, daß ein wachsender Anteil der Produktionsmittel direkt zwischen dem Hersteller und Verbraucher zirkulierte. Hinter diesen Erscheinungen verbirgt sich eine zunehmende Bestandshaltung bei den Hersteller- und Verbraucherbetrieben. Geht man davon aus, daß die Fertigerzeugnisse an Produktionsmitteln bei den Herstellern als künftige Arbeitsgegenstände und als Material in den verbrauchenden Betrieben fungieren, das heißt bedarfsgerecht sind, und unterstellt man ferner, daß die volkswirtschaftlich optimale Variante der Zirkulationsart bei Produktionsmitteln gewählt wurde,[12] so ist diese Entwicklung volkswirtschaftlich gesehen positiv zu bewerten. Denn mit der Konzentration der Bestände beim Herstellerbetrieb wird ihre Disponibilität erhöht und können die Produktionsvorräte bei den Verbraucherbetrieben gesenkt werden. Aber die verbraucherseitigen Bestände, deren Disponibilität eingeschränkt ist, sind in den letzten Jahren schneller als die Bestände in den Lieferbetrieben und dem Produktionsmittelhandel gestiegen. Ihr Anteil erhöhte sich an den Vorräten und Beständen in der Industrie von 73,4% im Jahre 1970 auf 75,1% im Jahre 1973. Hier liegen eindeutig Reserven in der Einsatzeffektivität von Fertigerzeugnissen als Warenbestand. Im Hinblick auf die Erhöhung der Geschwindigkeit, Regelmäßigkeit und Sicherheit in der Versorgung der verbrauchenden Produktionsbetriebe üben die Bestände an Fertigerzeugnissen in den Herstellerbetrieben wie die Bestände im Produktionsmittelhandel die gleiche Funktion aus. Steigt somit die Bestandsbildung an Fertigerzeugnissen in den Herstellerbetrieben und im Produktionsmittelhandel mit der Absicht, ihre Einsatzeffektivität zu erhöhen, dann sinken relativ die Bestände bei den Verbraucherbetrieben. Im Ergebnis dieser Entwicklung erhöht sich der Anteil der Zirkulationsfonds an den gesamten Umlauffonds, weil der Anteil der Produktionsvorräte bei den Verbraucherbetrieben abnimmt. Somit erweist sich die bisher vertretene These, wonach der Vorzug des Sozialismus gegenüber dem Kapitalismus sich unter anderem darin äußert, daß er einen gesetzmäßig sinkenden Anteil an Aufwendungen in der Zirkulation gegenüber denen in der Produktion aufweist, für überprüfungswürdig. Soweit der sinkende Anteil durch die Beseitigung antagonistischer Widersprüche zwischen Produktion und Konsumtion und durch die planmäßige Realisierung hervorgetreten ist, stimmt diese These. Aber wird diese These als Gesetzmäßigkeit der sozialistischen Ökonomik in der Weise interpretiert, daß von Jahr zu Jahr der Anteil der Zirkulationsfonds an den gesamten Umlauffonds sinken müßte, dann werden faktisch grundlegende Kontinuitätserfordernisse übersehen und vor allem ein Vorzug des Sozialismus mißachtet, der eben darin besteht, die Bestände in der Sphäre zu bilden, in der sie die höchste Einsatzeffektivität aufweisen.

4. Zusammenfassung

Umschlagszeit in ihrer Beziehung zur Kontinuität und Flexibilität des Reproduktionsprozesses ist nur eine Seite der vielschichtigen Zirkulationsproblematik im Rahmen der Reproduktionstheorie. Aber schon sie weist auf bedeutende Effektivitätsreserven hin, womit erneut unterstrichen werden soll, daß die Vertiefung des Intensivierungsprozesses jedwede enge Betrachtungsweise in Theorie, Wirtschaftspolitik und Wirtschaftspraxis ausschließt.

Anmerkungen

1. W. I. Lenin, Die Entwicklung des Kapitalismus in Rußland, in: Werke, Bd. 3, Berlin 1956, S. 34.
2. Karl Marx, Das Kapital, Bd. 1, in: MEW, Bd. 23, Berlin 1962, S. 126.
3. Karl Marx, Theorien über den Mehrwert, in: MEW, Bd. 26.3, Berlin 1968, S. 281.
4. Karl Marx, Einleitung zur Kritik der Politischen Ökonomie, in: MEW, Bd. 13, Berlin 1961, S. 623.
5. Ebenda, S. 630.
6. Ebenda, S. 621.
7. Statistisches Jahrbuch der DDR 1974, Berlin 1974, S. 42.
8. Berechnet auf Grund unserer Unterlagen.
9. Vgl. Karl Marx, Theorien über den Mehrwert, a. a. O.
10. Ebenda, S. 283.
11. Berechnet nach Angaben der statistischen Jahrbücher der DDR 1960, 1965, 1970 und 1974.
12. Aus verschiedenen Veröffentlichungen geht allerdings hervor, daß noch Reserven bei der Verkürzung der Zirkulationszeit bestehen, die durch die Auswahl der optimalen Variante der Zirkulationsart bei Produktionsmitteln erschlossen werden könnten.

FSC
www.fsc.org
MIX
Papier | Fördert gute Waldnutzung
FSC® C083411

Kolibri 360 GmbH
Ferdinand-Jühlke-Straße 7
99095 Erfurt, Deutschland
produktsicherheit@kolibri360.de